AF613689

MOLIÈRE
AVEC SES AMIS,
OU
LA SOIRÉE D'AUTEUIL,

COMÉDIE EN UN ACTE, EN VERS.

PAR ANDRIEUX, de l'Institut National.

Représentée pour la première fois, au Théâtre Français, par les comédiens ordinaires de l'Empereur, le 16 messidor an 12.

Purpureos spargam flores..... et fungar inani Munere.

Si nous ne ressemblons à ces grands personnages
Par les talens, par les ouvrages,
Ressemblons-leur par l'amitié.

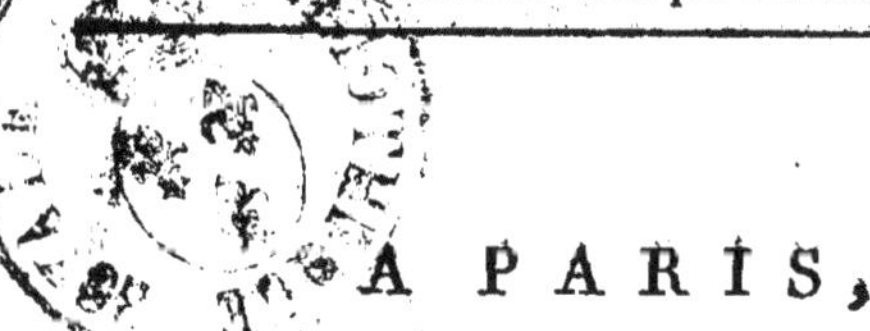

A PARIS,

Chez Madame MASSON, Libraire, Éditeur de Pièces de Théâtre, rue de l'Échelle, N°. 558, au coin de celle St.-Honoré.

AN XII. — 1804.

PERSONNAGES.	ACTEURS.
MOLIÈRE	M. FLEURY.
LAFONTAINE.	M. SAINT-FAL.
BOILEAU DESPRÉAUX.	M. DAMAS.
CHAPELLE.	M. BAPTISTE, aîné.
MIGNARD.	M. CAUMONT.
LULLI.	M. MICHOT.
ISABELLE BÉJART.	Mlle. VOLNAIS.
LA FORÊT, *servante de Molière.*	Mlle. DEVIENNE.

DEUX DOMESTIQUES, personnages muets.

La scène est à Auteuil, chez Molière.

MOLIÈRE AVEC SES AMIS,

OU

LA SOIRÉE D'AUTEUIL.

Le Théâtre représente un salon de campagne.

SCÈNE PREMIÈRE.

CHAPELLE, LA FORÊT.

LA FORÊT.

BON soir, monsieur Chapelle.

CHAPELLE.

Eh ! bon soir, La Forêt.

LA FORÊT.

Vous venez de bonne heure, et rien encor n'est prêt.
Monsieur même est dehors.

CHAPELLE.

Où donc est-il, ton maître ?

LA FORÊT.

Après son dîner, chaque jour
Dans le bois de Boulogne, il s'en va faire un tour ;
Il y rêve ; il travaille en cet endroit champêtre ;
Nous aimons bien Auteuil ; le village est charmant ;
Et puis, nous y vivons librement, et sans gêne.....

CHAPELLE.

Nos amis ne sont pas venus ?

LA FORÊT.

Jusqu'à présent
Je n'en ai vu qu'un seul, monsieur Delafontaine,

Qui depuis plus d'une heure, au jardin se promène;
Voulez-vous l'aller joindre?

CHAPELLE.

Eh! non, ma chère enfant.
Le bonhomme n'a pas l'entretien fort brillant.
Je vais attendre ici. Depuis une semaine
Molière est mieux portant?

LA FORÊT.

Beaucoup mieux, Dieu merci;
Dame! nous avons eu pour lui bien du souci.

CHAPELLE.

Ce soir, pour sa convalescence,
En signe de réjouissance,
Ici nous souperons; nous traiteras-tu bien?

LA FORÊT.

N'ayez pas peur; allez; je ne vous plaindrai rien.
Mon pauvre maître, hélas! je l'aime et le révère,
Entendez-vous? autant que si c'était mon père;
Et tant que je vivrai, me vînt-il des trésors,
Je resterai chez lui, s'il ne m'en met dehors.
Mais je n'en ai pas peur; car je sais bien qu'il m'aime;
Aussi voilà seize ans, arrive le carême,
Que je suis chez monsieur, et ce n'est pas un jour;
Ce soir, de sa santé pour fêter le retour,
Je vous ferai donc bonne chère.

CHAPELLE.

Je promets au souper de faire honneur, ma chère.
Aujourd'hui je n'ai pas dîné.

LA FORÊT.

Ah! mon dieu!.... si vous vouliez prendre
Quelque chose?.....

CHAPELLE.

Moi? non, je crois pouvoir attendre.

LA FORÊT.

Comme vous entriez, six heures ont sonné.

CHAPELLE.

Oui; mais jusques à cinq nous avons déjeûné.

LA FORÊT.

Ah! vous me rassurez.

CHAPELLE.

Sais-tu, ma chère amie,
Qu'au cabaret j'étais en bonne compagnie?
Un comte, deux marquis, à la cour bien venus!
Nous avions fait gageure à qui boirait le plus.

LA FORÊT.

Et vous l'avez gagnée?

CHAPELLE.

Assurément, ma chère;
Et tu vois qu'il n'y paraît guère.
Prêt à recommencer.

LA FORÊT.

Oh! vraiment, aujourd'hui,
A souper, vous allez faire encor pis, je gage.

CHAPELLE.

Tu dis comme ton maître!.... Il veut me gâter!.... Oui!
Me rendre sobre comme lui!
Il est toujours au lait! c'est un triste breuvage!
Un poëte!.... du lait! fi donc! fi! quel travers!
Ce n'est que dans le vin, qu'on trouve les bons vers.
Ma dernière chanson! elle est vraiment charmante.
(*Il prélude.*)
Tiens; veux-tu que je te la chante?
Ton maître n'a point fait de vers plus délicats.

LA FORÊT.

Vous, égaler mon maître? Ah! ne l'espérez pas.
Vous y brûleriez tous vos livres.
Je m'y connais, allez, et j'ai le sens commun.

Il fait de meilleurs vers a jeun,
Que vous tous, quand vous êtes yvres.

CHAPELLE.

Eh! ne te fâche pas; je sais tout ce qu'il vaut;
Oui; qu'il devienne yvrogne; il sera sans défaut.

LA FORÊT.

Comme vous, n'est-ce pas?

CHAPLLE.

Mais à propos, ma bonne,
N'est-il encor venu personne
Me demander ici?

LA FORÊT.

Pourquoi faire?

CHAPELLE.

Entre nous,
Si j'arrive sitôt, c'est que j'ai rendez-vous
Avec certaine dame; elle est de mes amies,
Toute jeune, et des plus jolies.
Tu la feras entrer en grand secret....

LA FORÊT.

Nenni.
Nous attendons ce soir messieurs Mignard, Lulli,
Despréaux, Lafontaine, et vous enfin. Mon maître
Avec ses bons amis uniquement veut être.

CHAPELLE.

Mais cette dame-ci....

LA FORÊT.

N'entrera pas, ma foi.
Voyez donc! on ne peut être maître chez soi.
Étant seul avec vous, monsieur comptait vous lire
Cette pièce qu'il vient d'achever pour le roi:
Le Bourgeois Gentilhomme!.... attendez-vous à rire;
Il m'en a déjà lu des passages, à moi!
Il vous met là dedans des mots qui sont si drôles,

Il arrange si bien ses scènes et ses rôles,
Qu'on croirait bien souvent que c'est tout de bon, dà!....
Je ne sais pas où diable il trouve tout cela.

CHAPELLE.

Comment donc? La Forêt.... mais tu deviens savante?
Il te lit quelquefois ce qu'il fait.

LA FORÊT.

Je m'en vante!
Il ne met rien au jour que je n'aie approuvé,
Et même il vous dira qu'il s'en est bien trouvé.
Vous verrez le Bourgeois! .... Nicole la servante!....
Mais enfin avec vous c'est assez babiller.
Il faut à mon souper que j'aille travailler.
Adieu monsieur Chapelle.

CHAPELLE.

Adieu, ma bonne amie.
Au moins, tu laisseras entrer ma compagnie.

LA FORÊT.

Je ne crois pas cela.

CHAPELLE.

C'est moi qui t'en répons.

LA FORÊT.

La bonne caution!....

CHAPELLE.

Tu verras.

LA FORÊT.

Nous verrons.

(*elle sort.*)

SCÈNE II.

CHAPELLE *seul.*

La pauvre La Forêt ne sait pas qui j'amène,
Et Molière lui-même est, loin de le penser;

Mais il ressent dans l'âme nne secrète peine
Dont je veux le débarasser.
Il se tourmente! il s'inquiète!
Isabelle est un peu coquette;
Il faut l'avouer franchement;
Mais elle l'aime au fonds, et très-sincerement.
Doit-il, sur un soupçon, se brouiller avec elle?
A la prière de la belle,
Moi, je me suis chargé du raccomodement.
Ce soir sous un déguisement
Elle compte ici le surprendre!
Nous verrons! .... mais en ce moment
Il vient! .... il parle seul! je voudrais bien l'entendre.

SCÈNE III.

CHAPELLE, MOLIÈRE.

MOLIÈRE *à part, sans voir Chapelle.*

Pour le coup, je vous tiens, et vous serez tancés,
Messieurs les courtisans, cœurs faux, intéressés,
Qui sous des dehors agréables,
Êtes cent fois plus méprisables
Que mon pauvre Bourgeois dont les airs peu sensés
Ne couvrent pas du moins des vices haissables.

CHAPELLE, *à part, de son côté.*

Qui diantre à ce front soucieux,
A cet air de mélancolie
Prendrait cet homme sérieux
Pour un faiseur de comédie?

MOLIÈRE. *toujours à part.*

Nous aurons, pour finir, un ballet turc; Lulli
Sera bouffon, sous l'habit de muphti.
L'imagination est tant soit peu fantasque;
Mais elle fera rire; il faut bien quelquefois,

Comme disait maître François,
Habiller la raison en masque,
Sur-tout quand on la veut faire entrer chez les rois.
(*Appercevant Chapelle.*)
Ah! te voilà! .... bon soir Chapelle.
Pardon; je ne te voyais pas.

CHAPELLE.

Tu t'occupais, je crois, de ta pièce nouvelle?

MOLIÈRE.

Il est vrai; j'y songeais et j'en parlais tout bas.
Demain matin je veux vous en faire lecture,
Vous en demander vos avis;
Car vous restez ce soir; vous me l'avez promis.

CHAPELLE.

Moi? de tout mon cœur, je t'assure.
Puis, je compte si bien enyvrer nos amis,
Qu'ils demandent un lit plutôt qu'un voiture.

MOLIÈRE.

On m'a conté, comme un de tes exploits nouveaux,
Que tu fis l'autre jour trop boire Despréaux?

CHAPELLE.

C'était pour me venger; toujours prompt à médire
Ce Boileau des buveurs me faisait la satire,
Et gravement me pérorait.
Je l'ai tout doucement conduit au cabaret.
Là, tout en l'écoutant et sans le contredire,
Je lui versais à boire, et mon homme à la fin,
Toujours grondant, buvant, et se donnant carrière,
Se coëffa le cerveau de la bonne manière,
En déclamant contre le vin,

MOLIÈRE.

C'est la mode à présent!.... voilà comme vous êtes!....

CHAPELLE.

Toi-même je t'ai vu quelquefois en goguettes.

MOLIÈRE.

Mais jamais jusqu'au point de perdre la raison.

CHAPELLE.

Va ; tout homme la perd, chacun à sa façon.
Le vin est mon penchant ; le tien c'est la tendresse.
Isabelle est l'écueil fatal à ta sagesse.

MOLIÈRE.

Isabelle !

CHAPELLE.

Oui ; la petite Béjart.
Vous boudez maintenant, chacun de votre part ;
Mais elle en est fâchée, et tu l'es autant qu'elle.

MOLIÈRE.

Non, non ; je suis guéri, crois-moi,
Et je n'aime plus Isabelle.

CHAPELLE.

Allons donc ; sois de bonne foi ;
Isabelle est charmante, et toujours applaudie ;
Elle est pour ton théâtre un sujet excellent ;
Dans ta dernière comédie
Elle a fait preuve de talent !

MOLIÈRE.

Certain duc espagnol va toujours chez sa mère !

CHAPELLE.

C'est là ce qui t'occupe !.... eh ! mais quelle chimère
Vas-tu te mettre dans l'esprit ?
Chez madame Béjart où l'on se divertit
La bonne compagnie abonde
Et ce seigneur y va comme tout le beau monde.

MOLIÈRE.

La mère le reçoit ; la fille lui sourit.

CHAPELLE.

Pourquoi non ?.... cela te chagrine !
Pour te plaire, faut-il qu'elle fasse la mine ?

MOLIÈRE.

Elle est coquette.

CHAPELLE.

Un peu ; doit-on s'en étonner ?
C'est un tort de son âge, et qu'on peut pardonner.
Pourquoi donc t'affliger ?.... la sotte fantaisie !
Tu nous as tant fait rire aux dépens des jaloux,
Et tu serais toi-même atteint de jalousie !
Je le vois aux soupçons dont ton âme est saisie ;
L'amour fait d'un grand homme, un homme commenous.

MOLIÈRE.

Ah ! si j'étais enclin à cette frénésie,
Isabelle souvent tourmenterait ma vie !
Je ne le vois que trop, et je crois qu'il vaut mieux
Éviter des chagrins......

CHAPELLE.

Ma foi, mon cher Molière,
Tu prends la chose aussi d'un ton trop sérieux.
Traitons l'amonr gaîment, et tenons-nous joyeux.
Tâche de m'imiter ; ma vie est régulière ;
Moi, je m'enyvre tous les jours ;
De belle en belle je cours ;
Le changement me réveille ;
Je suis volage en amours
Et fidèle à la bouteille..

MOLIÈRE.

Allons ; je prendrai soin de me régler sur toi.
Ta morale est fort douce.

CHAPELLE.

Et c'est la véritable.
Tu te crois plus sage que moi ;
Mais....

MOLIÈRE.

Grâce au ciel, voici quelqu'un de raisonnable.
Bon soir à notre cher Mignard.

SCÈNE IV.

MOLIÈRE, CHAPELLE, MIGNARD.

MIGNARD.

Je crains d'arriver un peu tard.
J'étais à l'attelier; quand je m'y sens en veine,
J'y dois à mes pinceaux les momens les plus doux;
J'y reste avec plaisir et j'en sors avec peine,
Si ce n'est pour chercher des amis tels que vous.

MOLIÈRE.

Nos convives encor ne sont pas venus tous.
Sans doute ils ne tarderont guère.

MIGNARD.

Ta santé se soutient, j'espère?

MOLIÈRE.

Oui, je suis beaucoup mieux; j'ai repris mes travaux;
Mais voici l'ami Despréaux.

CHAPELLE.

Le fléau, la terreur de quiconque rimaille,
Grand prévôt du Parnasse.....

SCÈNE V.

MOLIÈRE, CHAPELLE, DESPRÉAUX, MIGNARD.

DESPRÉAUX.

Eh! bonsoir, mes amis.

MOLIÈRE.

Bonsoir. Que dit-on à Paris?

DESPRÉAUX.

Je n'en viens pas. J'arrive de Versaille.

CHAPELLE.

Ah? tu te mêles donc d'être aussi courtisan?

DESPRÉAUX.

Je viens de faire une visite
A madame de Montespan;
J'ai vu le roi chez elle.....

CHAPELLE.

Et sans doute, bien vîte,
Saisissant le moment favorable au succès
Tu viens de demander quelque grâce nouvelle?

DESPRÉAUX.

Justement. Car j'étais allé là tout exprès.
J'ai fait une demande importante.

MIGNARD.

Laquelle?

DESPRÉAUX.

Comme le dit l'ami Chapelle,
Profitant de l'occasion,
J'ai supplié, mais avec grande instance,
Sa majesté d'avoir la complaisance
De supprimer ma pension,
De vouloir bien m'ôter trois mille francs de rente.

CHAPELLE.

Vraiment!... la faveur est plaisante!

MIGNARD.

On ne fait pas souvent au roi
Pareille demande, je croi.

DESPRÉAUX.

Aussi l'ai-je surpris, et s'est-il mis à rire,
D'un air tout rempli de bonté.
Qu'est ceci, Despréaux? est-ce un trait de satyre?
M'a dit le roi; Non, mais c'en est un, Sire,

De justice et de probité.
Tout le Parnasse est attristé ;
D'un commis ignorant sottise sans pareille !
On vient, Sire, de supprimer
La pension de Corneille.
Et moi qu'auprès de lui j'ose à peine nommer,
Moi qui n'ai point son sublime génie,
Je reste sur la liste ? Oh ! non, je vous supplie ;
Cela ne se peut pas, foi d'honnête rimeur ;
La pension me fait sûrement grand honneur ;
Mais avant qu'à Corneille on retranche la sienne,
Pour être juste, Sire, il faut m'ôter la mienne.

MOLIÈRE.

Bien. Qu'a dit le roi, s'il vous plaît ?

DESPRÉAUX.

Demandez-moi plutôt ce qu'il a fait.
La pension est rétablie ;
Et sa majesté vient encor,
Dans une bourse en broderie,
D'y joindre deux cents louis d'or,
Qu'elle envoie au vieillard, Sophocle de notre âge.
Mon neveu, qui m'avait là-bas accompagné
Avec plaisir s'est chargé du message ;
A Paris il est retourné ;
Et dans quelques instans, Corneille qui l'ignore,
Du monarque bienfaisant
Va recevoir un présent
Qui tous les deux les honore.

MOLIÈRE.

Il vous honore aussi ; le trait est généreux
Et montre bien ce que vous êtes !

MIGNARD.

Ce Despréaux qui fait trembler tant de poëtes,
Il est bonhomme, au fonds.

CHAPELLE.

Cet acte courageux
Vaut mieux que de bons vers, et me plaît davantage.

DESPRÉAUX.

Cela ne devrait pas s'appeller du courage.
J'ai dit la vérité.

MIGNARD.

Métier fort dangereux !

DESPRÉAUX.

Je ne tiendrai pourtant jamais d'autre langage.
Il faut dans mes discours que mon cœur se soulage.
Mais à la probité toujours assujetti
C'est ma seule raison qui règle mon suffrage.
A l'envie, à l'intrigue, à l'esprit de parti
Jamais je n'ai prêté l'oreille.

MIGNARD.

Racine est son meilleur ami ;
Mais il rend hommage à Corneille.

CHAPELLE.

Eh ! mais ?... n'entends-je pas Lulli ?

MIGNARD.

Oui, vraiment. Le voici qui s'avance en musique.

DESPRÉAUX.

Ecoutons. Sa démarche est gravement comique.

SCÈNE VI.

MOLIÈRE, CHAPELLE, LULLI, DESPRÉAUX, MIGNARD.

LULLI. *Entre gravement, en chantant d'une manière bouffonne.*

» Mi star Muphti ;
» Ti, qui star ti ?
» Se ti sabir,

» Ti respondir;
» Se non sabir,
» Tazir, tazir. »

(*Il parle avec un accent italien très-marqué.*)

Hé, comment trouvez-vous ce chant là, je vous prie?
Dis-moi, caro Molière, avons-nous terminé
Notre petite comédie?
Déjà pour la cérémonie,
Mon ballet turc est dessiné.

MOLIÈRE.

Je m'attends à quelque folie.

LULLI.

Tu pourras te vanter que Baptiste Lulli,
Il aura fait pour son ami Molière
Quelque chose de bien joli.

DESPRÉAUX.

N'allez pas nous donner de farce trop grossière.

LULLI.

Je serai, je vous le promets,
Un superbe muphti; je me fais faire exprès
Une barbe des mieux fournies;
La casaque trainante, à manches élargies;
Un grand turban pointu; puis, pour son ornement,
J'allume tout autour douze rangs de bougies;
L'illumination marchera gravement;
La voyez-vous d'ici? l'effet sera charmant;
Et puis, je chanterai, sur le ton des prières:

(*Il chante.*)

» Mahameta, per Giourdina,
» Mi pregar sera è mattina. »

CHAPELLE.

Quoi! tu comptes jouer toi-même?

LULLI.

Assurément

(*ici La Forêt entre.*)

CHAPELLE.

Baptiste, mon ami, que diront tes confrères,
Les secrétaires du roi?
Leur vanité va se plaindre de toi.

LULLI.

Hé, tout comme ils voudront; il ne m'importe guères;
J'amuserai le maître, et s'ils étaient sincères,
Ils conviendraient tous, par ma foi
Que, s'ils savaient le faire, ils feraient comme moi.

MOLIÈRE.

Il dit vrai. — Du souper l'heure, est je crois, prochaine;
Il ne nous manque plus que le bon Lafontaine.

LA FORÊT.

Il est là bas, dans le jardin,
Allant, venant le long de notre treille;
Dans sa distraction, dont rien ne le réveille,
Il suit au hazard son chemin.

DESPRÉAUX.

Eh! oui, la poésie est son unique affaire;
Il néglige le reste; indolent et distrait,
« Il se lève au matin sans savoir pourquoi faire;
» Il se promêne, il va sans dessein, sans objet;
» Et se couche le soir sans savoir d'ordinaire
» Ce que dans le jour il a fait. (1)

MIGNARD.

Parbleu! voilà bien son portrait!

CHAPELLE.

Ajoutez-y la façon singulière
Dont il est mis souvent; l'habit mal attaché,

---

(1) Ces quatre vers sont d'un abbé VERGER; ami de Lafontaine. On les trouve dans une lettre adressée à Lafontaine lui-même. *Œuvres diverses, édit. en 3 vol. in 8°.* à Paris, veuve Pissot, 1729.

Le rabat sans devant derrière
Et les bas à l'envers....

MOLIÈRE.

Oui ; c'est là sa manière.
Dans son extérieur il n'est point recherché ;
Ce sont de petits soins dont il est peu touché ;
Mais sous l'apparence grossière
Un esprit divin est caché.

DESPRÉAUX.

Ah ! divin, en effet ; vous dites vrai, Molière.
Mais je pense qu'aujourd'hui
Du malheureux Fouquet la disgrace soudaine
Doit affliger notre cher Lafontaine.
Il perd un généreux appui !....

MOLIÈRE.

Eh ! bien pour adoucir ou partager sa peine,
Allons tous au devant de lui.
La soirée est riante et fraîche ce me semble ;
Nous pourrons au jardin nous promener ensemble,
Tandis que La Forêt prépare ce qu'il faut
Pour le souper.

MIGNARD.

Allons.

LA FORÊT. *bas à Chapelle.*

Monsieur Chapelle, un mot.

(*Tous sortent, excepté Chapelle et La Forêt.*)

SCÈNE VII.

CHAPELLE, LA FORÊT.

CHAPELLE.

Que veux-tu, La Forêt ?

LA FORÊT.

Il faut que je vous dise
Qu'on est arrivé.

CHAPELLE.

Qui ?

LA FORÊT.

Les dames dont tantôt
Vous me parliez ici ; toutes deux sont là haut,
Dans ma chambre ; la fille à présent se déguise....

CHAPELLE.

Tu leur as donc permis d'entrer ?

LA FORÊT.

Certainement ;
Et si vous m'aviez dit, dès le premier moment,
Qui c'était !

CHAPELLE.

J'ai voulu t'en donner la surprise.
J'ai besoin de les voir....

LA FORÊT.

Vous n'avez qu'à monter.

CHAPELLE.

L'Amour est du complot ; Bacchus le favorise ;
Sur un succès heureux j'ose presque compter.

SCÈNE VIII.

LA FORÊT *Seule.*

J'augure bien aussi, moi, de son entremise.
A leurs projets je suis d'humeur à m'y prêter ;
On veut faire la paix ; ma foi ! j'en suis ravie !
Mon pauvre maître avait tant de chagrin !...Labrie,
Lesbin, allons, ici qu'on mette le couvert
De la glace et du vin ! .... j'aurai soin du dessert ! ....

(Pendant ce petit monologue de La Forêt, on apporte la table et le souper)

Mais quelqu'un vient ! ... ma surprise est extrême !
Eh ! c'est monsieur Lafontaine lui-même.
Tandis que ces messieurs le cherchent au jardin,
Il en sera sorti par un autre chemin.

SCÈNE IX.

LAFONTAINE, LA FORÊT.

LAFONTAINE *entre en rêvant, et sans voir La Forêt.*

Mon élégie est faite, et mon âme affligée,
En exhalant ces vers, s'est au moins soulagée !

LA FORÊT.

Par où donc avez-vous passé ?
Monsieur !.... peut-on sans vous distraire ?

LAFONTAINE *toujours sans voir La Forêt.*

Devait-il éprouver la fortune contraire,
Celui que si long-tems elle avait caressé ?
Ce grand Sur-intendant, lui qu'admirait la France,
Voit tomber tout d'un coup son honneur, sa puissance !
Un jour, un seul jour l'a perdu.
Le vent frappe et détruit l'arbre qui lui résiste ;
L'humble roseau plie et subsiste,
Par sa faiblesse défendu.

LAFORÊT *à part.*

Je sais ce qui le rend si triste ;
Il plaint monsieur Fouquet ; il en a bien sujet.

LA FONTAINE.

Vous parlez de monsieur Fouquet ?
Qu'en dit-on ? que fait-il ? souffrez que je réclame....

LA FORÊT.

Eh ! quoi donc ?....

LAFONTAINE.

Vous prenez à lui de l'intérêt ;
Auriez-vous à la cour quelque crédit, madame ?

LA FORÊT.

Moi ?.... moi ?.... mais je suis La Forêt.
Regardez-donc.

LAFONTAINE *revenant un moment de sa distraction.*

Ah !.... ah !.... c'est vrai.
(Il retombe dans sa rêverie.)
Dans sa détresse
Je dois me souvenir de ce qu'il fit pour moi,
Et lui rendre aujourd'hui tendresse pour tendresse.
Si je puis le servir, oh ! dieu ! quelle allégresse !
On a souvent besoin d'un plus petit que soi.(1)
Mais que tenter ? que faire ? espérance trop vaine !
Dans le monde je ne puis rien,
Moi qui n'ai ni crédit ni bien,
Moi qui suis, quoi ? Jean Lafontaine....
J'aurai beau m'efforcer et prendre de la peine ;
J'ai bien la volonté ; mais je n'ai nul moyen....
Que ce faible talent que j'obtins en partage
Paye au moins son tribut au malheur d'un ami !
Il fait assez d'ingrats !..... La fortune volage
Ne peut me détacher de cet objet chéri ;
Je lui donne des vers, ne pouvant davantage.....

SCÈNE X.

LULLI, MIGNARD, DESPRÉAUX, LAFONTAINE, CHAPELLE, LA FORÊT.

DESPRÉAUX.

Ah ! le voici lui-même !.... où s'était-il caché ?

---

(1) Vers de Lafontaine.

CHAPELLE.

Tu nous as fait courir.

LAFONTAINE.

Vraiment ?... j'en suis fâché.
De quelqu'autre côté j'étais allé sans doute.
De Paris jusqu'ici j'ai fait à pied la route ;
J'ai passé ma journée à composer des vers,
Une triste élégie où ma plaintive muse
De son cher bienfaiteur déplore le revers ;
L'ouvrage est assez bon, si l'orgueil ne m'abuse.

DESPRÉAUX.

Montrez-le ; nous verrons.

LAFONTAINE.

Non, ce n'est pas l'instant
D'occuper vos esprits d'un objet attristant ;
Moi-même j'ai plutôt besoin de me distraire,
Et je veux être à vous entièrement ce soir,
Mes amis !

CHAPELLE.

C'est bien dit ; pourquoi broyer du noir
Et s'affliger, lorsque l'on peut mieux faire ?

LULLI.

Je suis pour qu'on s'amuse.

MIGNARD.

Et moi j'en dis autant.
Nous voyons, grâce au ciel, Molière mieux portant !
Quel bonheur pour la comédie !

DESPRÉAUX.

Ajoutez-y pour ses amis,
Pour son siècle et pour son pays,
Dont il est le plus beau génie.

CHAPELLE.

Ma foi, je suis de ton avis.
C'est notre maître, à tous ; sous sa plaisanterie

Que de raison souvent et de philosophie !
Le chef-d'œuvre le plus divin
Qui soit jamais éclos du cerveau d'un humain,
C'est Tartuffe.

LAFONTAINE.

Messieurs, j'ai lu ces jours passés,
Le prophête Baruch ; je goûte sa manière ;
Dites-moi donc un peu, si vous le connaissez ?

DESPRÉAUX.

Oui.

LAFONTAINE.

Croyez-vous qu'il eût plus d'esprit que Molière ?
Ou bien Molière en a-t-il plus que lui ?

DESPRÉAUX, *lui frappant sur l'épaule. et le faisant appercevoir qu'un de ses bas est à l'envers.*

Mon cher monsieur de Lafontaine,
Vous avez mis un bas à l'envers aujourd'hui.

LAFONTAINE.

Mais répondez-moi donc.

DESPRÉAUX.

Non ; ce n'est pas la peine.

CHAPELLE.

Laisse-là ton Baruch...... Le bonhomme, ma foi,
Souvent dans ses propos est moins sensé que moi.

SCÈNE XI.

LES PRÉCÉDENS, MOLIÈRE.

MOLIÈRE.

Me voici, mes amis ; allons, que la soirée
A la joie, au plaisir, soit toute consacrée.

LA FORÊT.

Messieurs, le souper est tout prêt,
Et vous pouvez vous mettre à table,

CHAPELLE, *bas à La Forêt.*

Tu songes à notre projet ?

LA FORÊT, *bas à Chapelle.*

Laissez faire. J'attends le moment favorable.

LULLI.

Mettons-nous donc à table, et restons-y long-tems.

(*Ils s'asseyent à table dans l'ordre suivant, en commençant par la droite : Molière, Chapelle, Mignard, Lulli, Despréaux, Lafontaine.*)

CHAPELLE.

D'être ici réunis nous sommes tous contens.
Je vous porte d'abord une santé ; c'est celle
Du maître de la maison.

MIGNARD.

De tout mon cœur.

DESPRÉAUX.

Verse, Chapelle.

LULLI.

Verse tout plein.

LAFONTAINE.

Je ne dirai pas : non.

CHAPELFE.

A Molière !

TOUS *Excepté Molière.*

A Molière !

MIGNARD.

Ah ! si nous pouvions boire
Ensemble, aussi long-tems que durera sa gloire !

MOLIÈRE.

Je ne vous ferai pas raison,
Mes amis ; car le lait est ma seule boisson.
Mais de vos vœux qu'il apprécie,

Mon cœur ému vous remercie.
Vous allez tout-à-fait me rendre la santé!

CHAPELLE.

S'il ne faut que de la gaîté,
L'amitié la plus tendre, un peu d'yvrognerie.....

LULLI.

A me griser ce soir je suis bien résolu.

LAFONTAINE.

Quand on est entre amis, on peut boire sans craindre;
On n'a rien à cacher; le cœur est tout à nu;
On peut penser tout haut, et se parler sans feindre.

MOLIÈRE.

Vivons toujours de la sorte entre nous,
Mes bons amis, et malheur aux jaloux
Que notre union peut surprendre!
Nous sommes faits pour nous entendre,
Pour nous estimer, nous chérir,
Pour jouir franchement des succès l'un de l'autre.

CHAPELLE.

Oui, vers un noble but ensemble on peut courir.
Si mon ouvrage est bon, doit-il gâter le votre?
De la gloire d'autrui ce qu'on pourrait ôter,
A la sienne jamais on ne peut l'ajouter.
C'est vainement qu'on y travaille.

LULLI.

Sans doute; chacun a sa taille;
Il faut savoir s'en contenter.

LAFONTAINE.

C'est un pays fort grand que le Parnasse;
Chacun y peut trouver sa place;
Le tout est de la mériter.

DESPRÊAUX.

Ces poëtes fameux nos maîtres, nos modèles,

Furent des amis vrais, fidèles;
A Virgile, à Tibulle, Horace était lié;
Si nous ne ressemblons à ces grands personnages
Par les talens, par les ouvrages,
Ressemblons leur par l'amitié.

MOLIÈRE.

Assuré de votre tendresse,
Je dois vous demander des avis éclairés;
Demain matin, vous entendrez,
Mes amis, ma nouvelle pièce,
Le Bourgeois-Gentilhomme, et vous la jugerez.
Mais sur-tout point de complaisance.

DESPRÉAUX.

Oh! ce n'est pas là mon défaut,
Tu le sais; tu seras critiqué comme il faut.
On attend cet ouvrage avec impatience.

LAFONTAINE.

On parle aussi beaucoup du nouvel opéra
De notre ami Lulli.

LULLI.

Bientôt on le jouera.
Ah! *Per Dio!* c'est là, de la musique.
Vous l'entendrez; c'est un chef-d'œuvre unique,
Enfin c'est du Lulli; c'est tout dire, cela.
Vous mourrez de plaisir d'entendre mon Armide.

CHAPELLE.

Et comment? tu l'as donc refaite depuis peu?
On nous avait conté qu'un conseil trop rigide
T'avait persuadé de la jetter au feu?

LULLI.

Au feu? mon bon ami! j'aurais brûlé ma gloire!
Mais tu ne sais donc pas l'histoire?

CHAPELLE.

Non. Qu'est-ce!

LULLI.

Hé! *Carino!* je vais te la conter.

CHAPELLE.

Soit. Mais commence-là par boire,
Et nous boirons aussi, nous, pour mieux t'écouter.

LULLI.

Tu sais que par la maladie
J'ai manqué l'autre hyver de n'être plus en vie.
Il vint un homme noir, tout auprès de mon lit,
Me parler doucement; voici comme il me dit:
Mon bon ami, pensez qu'il est bien nécessaire
De faire voir à tous que vous êtes fâché
De tout le mal que vous avez pû faire;
Se mêler d'opéra, c'est un très-grand péché;
Le bon Dieu, voyez-vous? s'en offense et s'en pique.
Il veut que pour lui seul on fasse la musique.
On m'a conté que vous êtes l'auteur
D'un opéra nouveau, superbe et magnifique,
Mon bon ami, c'est un malheur;
Ce qui s'est fait est fait, et je dissimule;
Mais du moins, il n'est pas encor représenté;
Donnez-le moi; que je le brûle,
Afin que vous mouriez avec tranquillité.

CHAPELLE.

Eh! bien? tu l'as donné?

LULLI.

Sans doute.
Pouvais-je refuser?

CHAPELEE.

Voilà ce qu'on m'a dit,
Et j'avais donc raison.

LULLI.

Écoute:
Je n'ai pas fini mon récit.

La santé me revint, mais non pas tout de suite.
Quand je fus un peu mieux, le prince de Conti,
(Comme il me fait l'honneur d'être mon bon ami)
Son altesse un matin m'e vint faire visite.
Il me dit : Baptiste, entre nous,
Avec ton beau talent tu me sembles bien bête
De t'être laissé mettre en tête
De brûler ton Armide ; eh ! nous y perdons tous ;
Pauvre homme ! .... ils t'ont fait faire une grande folie ;
Le roi-même a daigné témoigner des regrets....
Paix, monseigneur, lui dis-je, paix ;
Ne me grondez pas, je vous prie ;
J'ai bien sçu ce que je faisais ;
J'en avais une autre copie.

LAFONTAINE.

Ah ! le fourbe !

MIGNARD.

Le tour n'est pas mal inventé.

CHAPELLE.

Allons ; buvons à sa santé.

LAFONTAINE.

A la santé d'Armide.

MIGNARD.

Et de l'ami Baptiste.

DESPRÉAUX.

Quel malheur c'eût été, si nous l'eussions perdu !

LULLI.

Eh ! oui, si j'étais mort, cela m'aurait rendu
Le caractère bien plus triste.

CHAPELLE.

Hé ! sois triste plutôt d'en être revenu.

LULLI.

Pourquoi donc ; s'il vous plaît ?

CHAPELLE.

Aurais-tu la manie,
Imbécille, dis-moi, de tenir à la vie?

LULLI.

Hé! mais, dans ce moment, je l'aime assez, vois-tu?

SCÈNE XII.

LES PRÉCÉDENS, LA FORÊT.

LA FORÊT.

Monsieur!....

MOLIÈRE.

Que me veut-on?

LA FORÊT.

C'est une jeune fille
Qui voudrait vous parler.

CHAPELLE.

Est-elle un peu gentille?

LA FORÊT.

Est-ce qu'on prend garde à cela?
Mais gentille ou non, elle est là
Qui montre un chagrin véritable.
C'est la fille du jardinier,
De Thomas, que monsieur chassa le mois dernier.....

MOLIÈRE.

Mais ce n'est pas l'instant, quand nous sommes à table....

CHAPELLE.

Au contraire, vraiment; tu seras plus traitable,
Plus indulgent; il faut la recevoir;
Et d'ailleurs, nous serons fort aises de la voir;
Va, la Forêt; amène-là bien vîte.

LA FORÊT.

Vous l'ordonnez? Entrez, petite.

SCÈNE XIII.

LES MÊMES, ISABELLE *déguisée en jardinière.*

ISABELLE (*avec beaucoup de timidité.*)

Messieurs.... pardon.... je n'ose.... aurez-vous la bonté?

LAFONTAINE.

Elle tremble comme la feuille!

MIGNARD.

Cette belle enfant-là mérite qu'on l'accueille!....

LULLI.

Elle est jolie, en vérité!

MOLIÈRE.

Approchez-vous.-

(*Il se lève de surprise, et dit à part.*)

C'est Isabelle!....

ISABELLE.

Monsieur me reconnaît, j'espère?

MOLIÈRE.

Assurément.

Que voulez-vous, mademoiselle?
Vous prenez mal votre moment!

ISABELLE.

Etes-vous encore en colère?

MOLIÈRE.

Oui, sans doute, j'y suis; j'y dois être toujours.

ISABELLE.

C'est un malheur pour nous d'avoir pu vous déplaire;
Ce n'est pas notre faute.

MOLIÈRE.

Ah! trève de discours.
Quand j'ai pris mon parti, moi je n'en reviens guères.
Tout est dit entre nous.

CHAPELLE.

Molière, qu'est cela?
Est-ce ainsi qu'on reçoit cette belle enfant-là?

MOLIERE.

De grâce, mêlez-vous, monsieur, de vos affaires.

CHAPELLE.

Ne te fâche donc pas; voyons, écoutons-la.
(*Il se lève de table*).
Ma petite, comment vous nomme-t'on?

ISABELLE.

Charlotte,
A vous servir, monsieur.

LULLI.

Elle n'est pas tant sotte.

CHAPELEE.

Moi, je veux arranger l'affaire que voilà.
Elle vient pour rentrer en grâce!
Son père eût-il des torts, il faut qu'on les lui passe.

ISABELLE, *à Molière.*

On vous a tourmenté de soupçons odieux,
Et de craintes imaginaires;
Les méchans et les envieux,
Du bonheur qu'ils n'ont pas éternels adversaires,
Pour nuire, pour brouiller, font toujours de leur mieux.

MOLIÈRE.

Non, non; ce qu'on m'a dit n'est que trop véritable,
Et j'ai sujet d'être fâché;
Pour prix d'un sentiment qui ne fut point caché,
Je prétendais de vous un sentiment semblable!
Votre cœur n'était point touché!

ISABELLE

O ciel!.... pouvez-vous dire une chose pareille!

CHAPELLE.

Allons; prouvez-lui qu'il a tort.

MOLIÈRE.

Mais .... la reconnais-tu d'abord ?
C'est Isabelle.

CHAPELLE.

Eh ! oui, je le sais à merveille.

MOLIÈRE.

Ah ! tu le sais ! vous êtes donc d'accord ?

ISABELLE; *à Molière.*

De ce duc espagnol qu'on croit si redoutable
J'ai reçu ce matin le billet que voici.
Lisez. Vous serez éclairci.
Vous verrez de nous deux quel est le plus coupable.

MOLIÈRE.

Que vois-je ? de quels traits mon esprit est frappé !
Ah ! combien on m'avait trompé !
Pardon, pardon, mon Isabelle.

MIGNARD.

Isabelle, dit-il !

MOLIÈRE.

Oui, mes amis, c'est elle,
Et que j'aime plus que jamais.

(*Tous les convives se lèvent de table et s'approchent de Molière et d'Isabelle*).

MIGNARD.

Eh ! bien ! tout bas je me disais :
Mais j'ai vu quelque part cette aimable figure !

DESPRÉAUX.

Vraiment ! le tour n'est pas mauvais !
Bon soir, mademoiselle.

LAFONTAINE.

Oui, je la reconnais !
Toujours jolie, avec la plus simple parure !

LULLI.

Molière, mon ami, tu n'es pas malheureux !

CHAPELLE.

CHAPELLE

Ils étaient brouillés tous les deux !
Grâce à moi, voilà la paix faite.

MOLIÈRE.

Et pour toujours.

CHAPELLE.

Je le souhaite.
Mais il faut me récompenser.
Belle Charlotte, oh ! çà, peut-on vous embrasser !

MOLIÈRE.

Le fripon songe à lui !

CHAPELLE.

Voyez ! j'ai tort peut-être !

ISABELLE.

Ce m'est bien de l'honneur ; je ne puis balancer.

(*Chapelle s'avance pour l'embrasser ; mais elle se tourne du côté de Molière.*)

Mais je croirais, autant que je puis m'y connaitre,
Que ce serait plutôt par notre maître,
S'il nous le permettait, qu'il faudrait commencer.

CHAPELLE.

Ah ! c'est juste.

MOLIÈRE, *en embrassant Isabelle.*

Entre nous, jamais aucun nuage.

MIGNARD.

Le meilleur de la fête est bien ce moment-ci,
N'est-il pas vrai, Molière ?

CHAPELLE.

Et c'est là mon ouvrage.

LAFONTAINE *à Isabelle.*

Mais vous, ne souffrez plus qu'ainsi
Sur des soupçons il vous tourmente ;
C'est votre directeur, il faut le respecter ;
Mais quelquefois aussi sachez lui résister.
Si de lui désormais vous n'êtes pas contente,

Vous avez des talens et vous êtes charmante,
Ailleurs, quand vous voudrez, je vous fais débuter.

ISABELLE.

Non, non; je vous suis obligée;
Je n'aime pas le changement.
Je suis avec Molière à présent engagée,
Et je ne veux jamais rompre l'engagement.

MOLIÈRE.

Non, non; jamais après ce raccomodement.

ISABELLE.

Je voudrais à ma mère en porter la nouvelle.
Elle est dans la maison.

MOLIÈRE.

Votre mère est ici?

ISABELLE.

Oui; je suis venue avec elle.

MOLIÈRE.

Allons donc la trouver; je veux la voir aussi,
Lui dire qu'entre nous il n'est plus de querelle.
Venez.

ISABELLE.

Adieu messieurs.

CHAPELLE.

Eh! dites donc, la belle?
Et ce baiser qui doit me revenir?

ISABELLE.

Oh! je n'ai pas le tems, mon cher monsieur Chappelle;
Une autrefois faites-m'en souvenir.

CHAPELLE.

La friponne! morbleu! qu'elle a de gentillesse!

SCÈNE XIV.

LAFONTAINE, MIGNARD, LULLI, CHAPELLE, DESPRÉAUX, LA FORÊT.

CHAPELLE.

Notre souper n'est pas fini.

Molière est plein de sa tendresse,
Mais nous, buvons. (*Ils se remettent à table.*)

DESPRÉAUX.

Je suis fâché pour notre ami,
De voir qu'il perd du tems à cette fantaisie.
De quoi s'avise-t-il, d'être un amant transi?
Est-on fait pour aimer, quand on a du génie?

LAFONTAINE.

Eh! mais, assurément; qui croirait vos propos
Penserait que l'amour ne convient qu'à des sots.
Vous bornez beaucoup sa puissance;
Quoique ce dieu souvent m'ait assez maltraité,
Ce n'est pas ainsi que je pense;
J'applaudirais à l'alliance
Du génie et de la beauté.

DESPRÉAUX.

Cher Lafontaine, en vérité,
Vous avez peu de prévoyance!
Vous voulez qu'il l'épouse?.... eh!.... ce sera bien pis;
Songez combien l'hymen apporte de soucis.

CHAPELLE *qui commence à être yvre.*

Despréaux n'a pas tort; cependant Lafontaine
A bien quelque raison aussi.
D'abord, remarquez bien ceci;
C'est que, quelque parti qu'on prenne,
Dans le monde toujours on est sûr d'enrager.
On y trouve par-tout matière à s'affliger.
Garçon ou marié, même veuf, que de causes
De chagrin!

LULLI.

Tu deviens profond.

LAFONTAINE.

Mais seulement tu vois les choses
Bien en noir.

CHAPELLE.

Je les vois alors comme elles sont.

Car enfin, lorsqu'on songe aux misères humaines,
N'est-il pas vrai, mes chers amis?
Cela forme un tableau qui cause tant de peines!....
Qu'en pensez-vous?

MIGNARD.

Peut-on être d'un autre avis?
On ne voit qu'accidens.

LULLI.

Qu'horreurs, que tragédies.

DESPRÉAUX.

Que ridicules, que travers!

MIGNARD.

Les complots des hommes pervers!

LAFONTAINE.

Et des femmes les perfidies!

CHAPELLE.

Les créanciers!

LULLI.

Les maladies!

LAFONTAINE.

Les médecins!

DESPRÉAUX.

Les mauvais vers!

LULLI.

Le vin console un peu!

CHAPELLE.

Sans lui pourrait-on vivre?

LULLI.

Eh! bien, buvons-en donc.

MIGNARD.

Versez, versez tout plein.

CHAPELLE.

On n'a de bons momens que ceux où l'on est yvre.

LULLI.

Hors le tems des repas, je suis toujours chagrin.

CHAPELLE.

Moi, par exemple, puis-je avoir l'âme contente?
Nul travail obligé ne gêne mes loisirs;
Je fais des vers, je bois, je chante;
Je n'ai point à l'hymen asservi mes desirs;
J'ai vingt mille livres de rente,
Bons amis, maîtresse charmante;
Est-ce là du bonheur? sont-ce là des plaisirs?

LULLI.

Je suis le Dieu de l'harmonie!
Eh! bien? des mirmidons critiquent mes accords.

DESPRÉAUX.

Et moi, morbleu, je vois, malgré tous mes efforts,
Triompher le faux goût, la sottise ennemie!
Et Cotin, près de moi, siège à l'Académie!

CHAPELLE.

Je le dis franchement; je suis las de la vie.

LULLI.

C'est une chose indigne, et qu'on ne peut souffrir.

CHAPELLE.

Et cependant, voyez!.... on a peur de mourir!

MIGNARD.

Ah! si l'on avait du courage!

LAFONTAINE.

Mais on est lâche, et l'on enrage,
Quand on pourrait sitôt de ses maux se guérir!

MIGNARD.

Ma foi!.... ce serait le plus sage!

LA FORÊT *à part.*

Quel diable de própos!.... parlent-ils tout de bon?

CHAPELLE.

Si je trouvais un compagnon,
Un seul, là, qui voulut me suivre!....

MIGNARD.

Tu n'en manqueras pas; moi, morbleu!

CHAPELLE

Toi?

MIGNARD.

Oui, moi.

LULLI.

Vous voilà déjà deux!.... nous serons trois, ma foi.
Touchez là.

LAFONTAINE.

Mes amis, pourrais-je vous survivre?

LA FORÊT *à part.*

Des gens d'esprit comme eux! ce que c'est que d'être yvre!
Si je ne l'entendais, je ne le croirais point.

CHAPELLE.

Sommes-nous des amis? moi, je pars de ce point.
Si nous le sommes, il me semble
Qu'il nous faut finir tous ensemble.

LA FORÊT *à part.*

Je commence d'avoir, vraiment, quelque frayeur.

TOUS *à la fois.*

Oui, tous ensemble.

LA FORÊT *à part.*

Allons vîte avertir monsieur.
(*Elle sort.*)

LAFONTAINE.

Vous savez qu'aux vivans on conteste leur gloire;
Sont-ils morts? on devient juste envers leur mémoire;
Faisons taire l'envie; et de notre destin
Jouissons au plutôt, tous tant qu'ici nous sommes;
Soyons tous morts demain matin;
Demain matin nous serons de grands hommes.

DESPRÉAUX.

Lafontaine a raison. Il a bien peroré.

CHAPELLE.

S'il faut qu'un de nous s'en dédise
Je le tiens pour déshonoré.

LULLI.

Pour déshonoré, soit.

MIGNARD.

La nuit nous favorise.

LULLI.

La rivière n'est qu'à cent pas.

CHAPELLE.

Allons exécuter cette noble entreprise ;
Je marche le premier.

LAFONTAINE.

Nous ne te quittons pas.

CHAPELLE.

Pour la dernière fois, encore une rasade.

LULLI.

Oh ! nous ne risquons rien de boire à nos santés.
Aucun de nous jamais ne sera plus malade.

SCÈNE XV.

LES MÊMES, MOLIÈRE, LA FORÊT.

MOLIÈRE.

Mes amis, on m'apprend ce que vous projettés.

DESPRÉAUX.

Molière nous manquait ; bon ! il sera des nôtres.

MOLIÈRE.

Mais devais-je être instruit par d'autres ?

CHAPELLE.

Nous comptions bien t'aller chercher !
Vraiment, nous aurions eu trop à nous reprocher
De ne pas t'emmener dans un pareil voyage,
Mon bon ami !....

MOLIÈRE.

Comment ! je vous en voudrais fort !....
Je dois partager votre sort.

MIGNARD.

Moi, je l'ai toujours dit ; Molière a du courage.

CHAPELLE.

Vous voyez bien qu'il est de notre avis.

MOLIÈRE.

Comment donc? si j'en suis ? .... il n'est rien de plus sage,
Rien de plus admirable.... Écoutez, mes amis;
Je sais un bon moyen d'assurer notre gloire,
De vivre à jamais dans l'histoire;
Mourons avec éclat; mourons en plein midi;
Demain, aux yeux de tous, faisons ce coup hardi;
Laissons l'exemple mémorable
De poëtes, d'amis, morts ensemble, à dessein;
Et terminons une vie honorable
Par la plus honorable fin.

LULLI.

A mourir en public j'ai quelque répugnance.

MOLIÈRE.

Bon! tu n'y penses pas; cela vaudra bien mieux.
Vois notre troupe qui s'avance
Le calme sur le front, la gaîté dans les yeux,
Parmi les flots d'un peuple immense,
Fixant sur nous ses regards curieux!
La scène sera magnifique.

CHAPELLE *à Molière.*

Ce sera la dernière, ami, que tu jouras.

MOLIÈRE.

Elle sera parbleu! dans le genre héroïque.

MIGNARD.

Il a, ma foi! raison; et nous n'y pensions pas.

DESPRÉAUX.

Nous perdions tout le fruit d'un si noble trépas.

MOLIÈRE.

N'est-ce pas? à demain remettons la partie.

CHAPELLE.

A demain.

DESPRÉAUX.

A demain.

LULLI *à Molière.*

Tu saurais bien prêcher.

MOLIÈRE.

En attendant le jour, souffrez que je vous prie,
Mes bons amis, d'aller tous vous coucher.
Alexandre dormait la nuit d'une bataille.

LULLI.

C'était un bon vivant, et qui faisait ripaille.

CHAPELLE.

C'était un très-grand homme! il aimait le bon vin.

MIGNARD.

Imitons Alexandre.

DESPRÉAUX.

Adieu, jusqu'à demain.

MOLIÈRE.

Allez vous reposer.... Holà, Lesbin, La-Brie,
Conduisez ces messieurs dans leur appartement.

CHAPELLE.

Fort bien. Allons tout doucement.
Car je me trouve un peu la visière obscurcie.
Bon soir, Molière.

DESPRÉAUX.

Adieu.

LULLI.

Bonsoir, mon cher ami.

(*Ils sortent tous quatre avec La Forêt et les domestiques qui les éclairent*).

SCÈNE XVI.

MOLIÈRE, LAFONTAINE *endormi dans son fauteuil.*

MOLIÈRE.

Bon soir. — Que vois-je là?.... Lafontaine endormi!

Et ce serait, vraiment, dommage
En cet instant, de l'éveiller !
A demain, j'attends le courage
De nos amis.... Tandis qu'ils sont à sommeiller,
Il faut que pour Mignard j'achève cet ouvrage.
Je lui sais des chagrins.... Près de monsieur Colbert,
Il soupçonne en secret que quelqu'un le dessert;
Quelque rival jaloux, que son talent efface,
Plus courtisan que lui, s'occupe à lui ravir
Les faveurs, les travaux.... je voudrais le servir,
Consoler au moins sa disgrace.
Pour cela, je songe à finir
Mon poëme du *Val-de-Grace.*
Reprenons-le. — Voyons. — De mon illustre ami
J'ai peint les nobles traits dans des vers que voici.
« Les grands hommes, Colbert, sont mauvais courtisans,
» Peu faits à s'acquitter des devoirs complaisans;
» A leurs réflexions tout entiers ils se donnent,
» Et ce n'est que par-là qu'ils se perfectionnent.
» L'étude et la visite ont leurs talens à part.
» Qui se donne à la cour se dérobe à son art.
» Un esprit partagé rarement s'y consomme;
» Et des emplois de feu demandent tout un homme. » (1)
Monsieur Colbert, je pense, entendra ce discours;
Je lui pourrai donner ces vers sous peu de jours;
Là, du dôme nouveau j'ai vanté la merveille,
Sur-tout la fresque de Mignard,
Admirable travail, vrai chef-dœuvre de l'art.....

LAFONTAINE *qui s'est éveillé.*

M'y voici. Je les tiens.

MOLIÈRE.

Lafontaine s'éveille !

---

(1) Vers du Poëme du *Val-de-Grace*, de Molière.

LAFONTAINE.

Je me sens inspiré.

MOLIÈRE.

Je crois qu'il fait des vers !

LAFONTAINE.

Hier dans les grandeurs, aujourd'hui dans les fers !
« L'humble toît est exempt d'un tribut si funeste
» Le sage y vit en paix, et méprise le reste ;
» Content de ses douceurs, errant parmi les bois,
» Il regarde à ses pieds les favoris des rois....

(*Lafontaine se tait un moment.*)

MOLIÈRE.

Ah ! ne laissons pas échapper
Ces vers que sa facile veine
Produit sans travail et sans peine ;
Je ne crois plus mes vers dignes de m'occuper,
Quand je peux recueillir ceux que fait Lafontaine.

(*Il met de côté son poëme, et copie les vers que Lafontaine récite.*)

LAFONTAINE *dans l'enthousiasme et comme un poëte qui compose.*

» Content de ses douceurs, errant parmi les bois,
» Il regarde à ses pieds les favoris des rois ;
» Il lit au front de ceux qu'un vain luxe environne,
» Que la fortune vend ce qu'on croit qu'elle donne.
» Approche-t-il du but ? quitte-t-il ce séjour ?
« Rien ne trouble sa fin ; c'est le soir d'un beau jour. » (1)

MOLIÈRE *après avoir copié ces vers.*

Ah ! mon ami, quels vers ! .... quel Dieu te les inspire ?

LAFONTAINE.

Ah ! te voilà ; Molière ? .... eh ! oui, dans cet instant,
J'ai fait-là quelques vers.

---

(1) Vers de *Philémon et Baucis*, de Lafontaine.

MOLIÈRE *lui offrant le papier sur lequel ils sont ecrits.*

Très-beaux; veux-tu les lire?
Je les ai copiés moi-même, en t'écoutant.

LAFONTAINE *après avoir lu.*

Mais ils ne sont pas mal; j'en suis assez content.

MOLIÈRE.

Assez content?.... pas mal?.... et moi, je les admire.
On redira long-tems, mon ami, ces vers-là.
On les perdait sans moi. Je suis fier de cela.

LAFONTAINE.

Tu te moques de moi, je pense, ou tu veux rire.

MOLIÈRE.

Je ne me moque point, mon cher ami; crois-moi,
Tous tes imitateurs resteront loin de toi.

SCÈNE XVII.

MOLIÈRE, LAFONTAINE, ISABELLE, *qui a quitté son habit de jardinière.*

ISABELLE.

Mais quelle est donc cette folie,
Et que nous a dit La Forêt?
Comment peut-on former un semblable projet?

MOLIÈRE.

Ah! chose qu'on projette est loin d'être accomplie.

LAFONTAINE.

Où sont tous nos amis?

MOLIÈRE.

Mais ils dorment, je croi,
En attendant l'instant fatal, l'heure dernière....

LAFONTAINE.

Hé! quel ton prends-tu là, Molière?
Ton air me cause de l'effroi.

MOLIÈRE.

Tu ne te souviens pas de leur projet?

LAFONTAINE.

Eh! quoi ?....
Ah! oui, je me rappelle, il est vrai, quelque chose;
Le propos n'était pas sérieux, je suppose.

MOLIÈRE.

Pourquoi non, s'il vous plaît? quant à moi, j'ai promis
De ne pas quitter nos amis.
Je les suivrai.

LAFONTAINE.

Dans la rivière?
Oh! mais, c'est un peu fort aussi.

MOLIÈRE.

Il ne faut que du cœur. Je viens d'écrire ici
Mes dispositions, ma volonté dernière;
Si tu veux en user de la même manière?

LAFONTAINE.

Pourquoi faire? Tu peux disposer de ton bien;
Mais, mon ami, moi qui n'ai rien,
Sur rien je n'ai rien à dire.
Si je m'en vais avec vous, sur ma foi,
Il me suffira bien d'écrire
Qu'on ne m'attende pas chez moi.

SCÈNE XVIII.

LES MÊMES, LA FORÊT.

LA FORÊT.

Entendez-vous, monsieur, ces longs éclats de rire?
Monsieur Lulli saute, chante, s'admire;
Il réveille tous vos amis
Qui n'étaient qu'à peine endormis;
Les uns sommeillaient sur des chaises,
Un autre sur un lit, l'autre dans un fauteuil;
Monsieur Lulli leur conte cent fadaises,
Et ne veut pas souffrir qu'ici l'on ferme l'œil.

MOLIÈRE.

Eh! bien, allons les voir; mais les voici, je pense.

SCÈNE XIX *et dernière.*

LES MÊMES, CHAPELLE, LULLI, MIGNARD, DESPRÉAUX.

LULLI.

Oui, ma foi, je vous dis que le séjour d'Auteuil
Me donne de génie une grande abondance;
J'ai fait en impromptu les plus beaux airs de danse!
Que diable?.... voulez-vous dormir jusqu'à demain?

(*Il chante, et danse comiquement.*)

CHAPELLE.

Comment dormirions-nous, quand tu nous fais un train?

MOLIÈRE.

Eh! quoi? déjà, Messieurs? vous faites diligence?

CHAPELLE.

Que dit-il?

MOLIÈRE.

Venez-vous accomplir vos projets?
Lafontaine et moi, sommes prêts.

LAFONTAINE.

Doucement.

MOLIÈRE.

Cependant l'heure n'est pas venue;
Nous devions attendre le jour.

DESPRÉAUX.

Ah! oui, vraiment!...... Tantôt d'une âme résolue
Nous parlions de finir tous nos maux sans retour......
Qui nous a pu donner une idée aussi folle?.......
C'est Chapelle, c'est lui.

CHAPELLE.

Moi? non. Sur ma parole,
De cet affeux conseil je ne suis point l'auteur.
Finir mes jours dans l'eau!.... je l'ai trop en horreur!....

LULLI.

Seulement d'y penser je tremble.

MIGNARD.

C'est un grand bonheur, ce me semble,
De nous être à tems ravisés !

MOLIÈRE.

Un court sommeil vous a quelque peu dégrisés ;
Je le vois.

CHAPELLE.

Sur ma foi, ce serait grand dommage
Que des gens comme nous prissent un tel parti !
Quel chagrin au Parnasse on en eût ressentit !

DESPRÉAUX.

Molière a pour nous été sage !

LULLI.

Hé ! sans lui la musique allait faire naufrage !

LAFONTAINE *à Lulli.*

Fripon, tu nous aurais quittés dans le chemin.

CHAPELLE.

Ne nous pressons pas trop de faire le voyage. ;
Remettons le départ, toujours, au lendemain.

LULLI.

Mais sur-tout le trépas nous serait bien précoce,
Quand nous sommes tout près de danser à la nôce.

MIGNARD.

A la nôce ? et de qui ?

LULLI.

La voyez vous rougir,
Notre petite jardinière ?
C'est elle qui bientôt, nous donne ce plaisir.

MOLIÈRE.

Il est vrai, mes amis ; au gré de mon désir
La mère d'Isabelle accueillant ma prière,
Vient de combler mes vœux, et veut bien consentir....

LAFONTAINE.

Je fais mon compliment à madame Molière.

ISABELLE.

Avec transport je le reçoi.
Je sens combien ce nom est glorieux pour moi;
Et de le porter je suis fière.

DESPRÉAUX.

Nous voilà réveillés, et pour toute la nuit;
Tiens, Molière, à présent, lis-nous ta comédie.

MOLIÈRE.

Non, mes amis, non pas à présent, je vous prie;
Allons ce soir nous mettre au lit.
Demain vous serez mieux en état de m'entendre.
Mais de cette soirée au moins souvenez-vous.
Gardez-vous par le vin de vous laisser surprendre,
Et de former jamais des projets aussi fous.

LAFONTAINE.

Il est vrai; c'est une folie
Dont peut-être après nous un jour on parlera.
Mais voici ce qu'on en dira:
Molière avait souffert cruelle maladie;
Heureusement il s'en tira;
Ses meilleurs amis le fêtèrent;
En le fêtant, ils s'enyvrèrent:
L'amitié nous excusera.

Prix un franc vingt centimes.

De l'Imprimerie de ROUSSEAU, rue St-Dominique-d'Enfer N°. 8.

www.ingramcontent.com/pod-product-compliance
Ingram Content Group UK Ltd.
Pitfield, Milton Keynes, MK11 3LW, UK
UKHW021817190726
13853UKWH00003B/1032

9 782329 566924